TRIBUNAL CHINOIS.

LE FLEUVE ROUGE

I

Près de Tali-Fou, dans le nord-ouest du Yun-Nan, province méridionale de la Chine, prend naissance, au sein de montagnes hautes de
2,000 mètres, le Song-Coï, que nous appelons le Fleuve Rouge. Il coule
vers le sud-est entre des plateaux escarpés et pénètre dans le Tonkin à
Lao-Kaï, d'où, jusqu'à son embouchure, il appartient tout entier aux possessions françaises. Il traverse le pays des Muongs (1), arrose Yenbay,
Hong-Hoa, Sontay, Hanoï, et, un peu en aval de Nam-Dinh, aboutit au
delta, où est son estuaire. La longueur de cette importante artère est, de
sa source au golfe du Tonkin, de 850 à 900 kilomètres, dont 400 de Lao-
Kaï à Hanoï. Pour franchir cette dernière distance, une jonque, marchant
nuit et jour, en faisant de très courtes stations aux quatorze escales succes-
sives, met huit fois vingt-quatre heures; un steamer réduirait le trajet
de moitié; une voie ferrée permettrait de se rendre de la capitale du
Tonkin à la frontière du Yun-nan en une seule journée.

La navigabilité du Fleuve Rouge dans le Yun-Nan est difficile; les
roches et les rapides ne le rendent guère accessibles qu'aux embarcations
de peu de tirant d'eau et de faible tonnage. Aussi, de Lao-Kaï à Tali-
Fou, la région est-elle encore en grande partie improductive : ses mines
sont pour la plupart inexploitées; le sol n'y est pas mis en culture; la
population, peu dense, n'ayant point de moyens de communications com-
modes, ne se livre, pour ainsi dire, à aucun trafic. De Lao-Kaï à Hanoï,

(1) Voir *Bibliothèque illustrée des voyages autour du monde*, n° 6. *Le pays des
Muongs*, par GARCIN. (Paris. Librairie Plon.)

la navigation offre également des obstacles, mais elle est cependant entrée dans le domaine de la pratique, à partir de Yenbay jusqu'au delta. A une dizaine de milles en amont de Yenbay se trouve, à Yen-luong, le rapide du Tac (Tac-Tuch). Là, le fleuve est encombré de bancs de sable et de galets, de roches qui n'émergent qu'aux basses eaux, formant les échelons d'un immense escalier dont chaque marche est lente et pénible à gravir. Aux hautes eaux, ces marches s'effacent, l'escalier devient un immense plan incliné liquide, et, par des crues un peu fortes, un navire léger peut passer par dessus les barrières.

Il en résulte qu'en balisant (1) le fleuve, on pourrait, suivant l'opinion de ceux qui en ont tenté l'expérience, faire, à la saison des hautes eaux avec des navires assez grands, et à l'époque des basses eaux avec des steamers à tirant d'eau plus réduit, la traversée de Yenbay à Lao-Kaï, qui est de 175 kilomètres, et prolonger ainsi la ligne de service des vapeurs qui circulent librement entre Hanoï et Yenbay.

Le transit du Fleuve Rouge, lorsqu'il pourra s'effectuer, dans ces conditions, du delta et surtout d'Hanoï à la limite nord du Tonkin et même jusqu'à Man-hao, en territoire chinois, rendra d'immenses services à nos établissements d'Extrême Orient. Déjà le commerce par cette voie dessine un mouvement ascendant, et les statistiques de la douane chinoise ont accusé, depuis 1889, des chiffres progressifs de recettes si considérables que l'on peut s'attendre, dans un avenir prochain, à un développement des plus brillants. Mong-tsé, qui n'était, il y a très peu d'années encore, qu'une petite ville des plus modestes au point de vue commercial, de même que l'on ne voyait dans Man-Hao qu'une bourgade malsaine et insignifiante, constitue actuellement un poste douanier, une tête de ligne des caravanes, un centre faisant concurrence à celui de Po-ngai, d'où partaient autrefois toutes les marchandises chinoises ou étrangères dirigées de Canton par Pé-sé sur Tali-Fou et sur Yun-nan-fou, pour alimenter le nord de l'Yun-nan. Or, les articles d'importation qui intéressent cette province, cotons bruts et cotons filés, cotonnades, sel marin, peuvent représenter dans les échanges des chiffres très élevés, pendant que les produits d'exportation, principalement les métaux, étain et cuivre, puis l'opium et ce qui pourrait arriver au Tonkin du Tibet par le Yun-nan : laines brutes, musc, or en paillettes, cire, étoffes, tapis, équivaut à des sommes non moins grandes.

C'est pour faire bien saisir les avantages offerts par le Tonkin comme la route la plus courte facilitant notre pénétration commerciale d'abord et nos perspectives politiques ensuite dans les provinces sud-occidentales de la Chine, qu'a été écrit l'ouvrage dont on lira plus loin des extraits (2). L'auteur, M. le Dr Louis Pichon, s'est attaché à l'étude des faits et a tâché de les mettre en évidence, afin de rallier nos législateurs et notre administration coloniale à ses vues et à ses convictions. ses vœux sont énoncés dans les conclusions de son travail : améliorer le cours du Haut-Fleuve, construire une ligne ferrée de Yenbay à Lao-Kaï, conquérir ensuite le Song-Coï par la vapeur au-dessus de la frontière, et

---

(1) Les balises sont des bouées flottantes servant à indiquer les écueils aux navires.

(2) Cet ouvrage a pour titre *Un voyage au Yun-nan* par le Dr Louis Pichon de Shanghaï). — Paris, librairie Plon.

pousser le chemin de fer jusqu'à Man-Hao, pour gagner une avance de plusieurs jours, voire d'une semaine, sur nos concurrents du Yang-tsé, faire en définitive ce que voulait Paul Bert, et ne pas laisser aux Anglais et aux Allemands, qui la guettent, l'occasion d'établir leur influence prépondérante, sinon leur monopole, en affaires commerciales, en leur fournissant le temps de nous prendre entre deux feux par le Seetchuen à l'est et la Birmanie à l'ouest. Ces vœux, assurément sages, ont-ils été écoutés ou leur a-t-on donné un commencement d'accueil favorable? Pas autant que le voudrait le Dr Pichon. Ce n'est pas ici le lieu de discuter la question, qui peut, d'ailleurs, recevoir demain une solution plus complète. Mais il est utile d'insister sur la valeur intrinsèque du Tonkin commercial, qui est, d'après bien des économistes et des hommes entendus en notre expansion coloniale, supérieure à celle du Tonkin industriel et agricole. Sous ce rapport, le livre de M. le Dr Pichon est à consulter avec réflexion. Il est aussi à lire pour les pages pittoresques en partie reproduites ici, et qui nous peignent si fidèlement le Yun-nan.

Il ne faut pas perdre de vue que tous ceux qui se sont sacrifiés pour le succès de nos entreprises dans l'Extrême-Orient et qui ont payé leur courage de leur vie, les Doudart de Lagrée, les Francis Garnier, ont eu ce rêve de reprendre, pour le réaliser, le grand projet de Dupleix : fonder dans l'Indo-Chine l'empire que Dupleix aurait assuré à la France dans l'Inde, sans la rivalité de La Bourdonnais; ouvrir à la péninsule des routes dans tous les sens et pousser nos ramifications vers la Chine, en gagnant de proche en proche ses provinces du sud, avec l'espoir de remonter plus haut. Ce rêve, que l'on a longtemps traité de chimérique, ne l'est plus maintenant; nous sommes maîtres de la Cochinchine, de l'Annam, du Cambodge, du Tonkin, et nous avons acquis ce que l'on ne traçait il y a trente ans que comme un programme. Il semble que la première partie du plan ainsi achevée appelle logiquement l'exécution de la seconde. Et pour se convaincre de la possibilité d'aller jusqu'au bout, il suffit de rappeler l'histoire du passé, qui est un enseignement.

II

Quand la France eut renouvelé en Cochinchine la victoire obtenue par nos armes en Algérie ; quand, après avoir assuré la sécurité de notre premier établissement dans la mer de Chine, on en eut organisé l'administration et qu'on eût donné à celle-ci les moyens d'améliorer la situation de la colonie par des travaux publics, on comprit que l'on ne pouvait rester emprisonné dans cette conquête. Les recherches de débouchés aux produits du pays s'imposaient. Mais elles se heurtaient sur bien des points à des barrières. L'Angleterre, jalouse de son empire asiatique et ne songeant qu'à l'agrandir, bloquait le passage de toutes les routes, sauf celles du sud de la Chine. Il fallait pour arriver jusque-là, remonter d'abord le Mé-Kong, en jalonnant d'étape en étape notre zone d'influence. La tâche était non seulement gigantesque, au début, mais aussi de celles qui rencontrent toujours l'opposition acharnée d'une majorité envisageant toute marche en avant comme une folie coupable. Des années s'écoulèrent à hésiter, et, dans l'intervalle, les Anglais, sans cesse aiguillonnés par leur politique mercantile, s'efforçaient de relier la Chine méridionale à leurs colonies de l'Inde et aux grandes villes maritimes qu'elle possèdent sur le delta du Gange et dans lés endentations du golfe de Bengale. Ils devaient, pour atteindre le Yun-nan, s'emparer de la Birmanie ou s'y créer un chemin garanti par la diplomatie, par les menaces armées et par les séductions; suivre, en un mot, le cours de l'Iraouaddy, s'établir à Mandalay, puis à Bhamo, et de là, poussant à l'est, entrer dans la province chinoise.

Il s'agissait de savoir laquelle des nations rivales, la France ou l'Angleterre, arriverait la première, celle-ci en un point, celle-là en l'autre, à la frontière du Céleste Empire. Les deux entreprises réclamaient de la ténacité, et l'on ne saurait mettre en doute que les Anglais avaient plus d'éléments de réussite à leur disposition, car ils pouvaient faire appel à toutes les ressources, commerce, philanthropie, propagande biblique. habileté des explorateurs, audace militaire, prestige. Ils eurent, contrairement à leurs prévisions, à faire à des résistances que beaucoup d'autres auraient jugées insurmontables, mais les échecs du général Cotton, du major Sladen, du docteur Anderson, la mort tragique du brave Augustus Margary, ne les découragèrent pas. En 1876, ils obtinrent un premier résultat par le traité de Tche-fou, qu'ils forcèrent la Chine de signer et qui ouvrait à leur commerce quatre ports chinois, deux sur le littoral (Pa-Koï, Ouenn-Tchéou) et deux sur le Fleuve Bleu. A partir de ce moment ils travaillèrent à l'annexion de la Birmanie, et, en moins de vingt ans, ils y réussirent presque entièrement (1).

La France, de son côté, ne resta pas inactive : ses missionnaires, ses voyageurs, ses officiers, ses marins contribuèrent par une énergie pacifique, par d'heureuses négociations, par d'intrépides et héroïques exploits, à faire aimer, respecter ou craindre son drapeau, à créer des possessions qui s'augmentèrent en trente ans, et qui constituent aujourd'hui un empire s'étendant sur tout le sud-est de la péninsule indo-chinoise (2).

Charles SIMOND.

(1) Parmi ceux qui eurent un rôle important dans cette annexion et dans les événements dont elle fut précédée figure M. Archibald Colquhoun, le premier explorateur anglais du Yun-nan, dont j'ai traduit en français l'important ouvrage *Across Chrysé,* sous le titre *la Chine méridionale* (Paris. Lecène et Oudin, 2 vol.) Cette relation de voyage contient d'importants renseignements sur le Yun-nan inexploré. — (C. S.)

(2) Ces lignes étaient écrites avant les récentes mesures prises par le gouvernement pour donner un nouvel et puissant essor à nos établissements en Extrême-Orient. Les grands projets de chemins de fer dans l'Indo-Chine dont M. Doumer a eu l'initiative, et qui vont être mis très prochainement à exécution, contribueront aussi rapidement qu'efficacement à cette mise en valeur si désirable et si nécessaire de notre empire colonial asiatique. — (C. S.)

(ENTREPÔT DE MARCHANDISES AU YUN-NAN.)

LE YUN-NAN

I

ENTRE LA CHINE ET LE TONKIN. — DE LAO-KAÏ A MANG-HAO.

Bientôt nous serons en plein Yun-nan. Partis de Lao-kaï au point du jour, il y a quarante-huit heures, nous remontons le fleuve Rouge qui a en cet endroit une largeur de 150 à 200 mètres, et dans certains points semble même s'élargir.

Nous naviguons entre le Tonkin et la Chine; la rivière est mitoyenne.

Nous avons un bateau de Mang-hao, presqu'aussi large et plus long qu'une jonque, et d'un moindre tirant d'eau, mais ouvert à tous les vents, car les grandes nattes imbriquées qui lui servent de toiture ne descendent pas jusqu'aux bords. Le gouvernail est remplacé par un long aviron de queue, qui fait évoluer la barque sur place dans les endroits difficiles. L'équipage se compose de dix personnes : ce sont des « Pa-i », des hommes splendides qui poussent sur leur perche avec un ensemble, une activité, une solidité admirables. Quelle différence avec les Annamites malingres

(1) Voir pour la topographie du Yun-nan la carte de la Chine que nous avons publiée dans notre *Atlas universel* et aussi celle des possessions coloniales de la France. — (C. S.)

qui nous ont amenés à Lao-kaï! Ils remontent les rapides comme par enchantement. Ça ne traîne pas avec eux. Nous avons une voile gigantesque qui nous ferait chavirer à la moindre saute de vent, si elle n'était placée tout à fait sur l'avant, presque au tiers de l'embarcation. Elle s'applique sur deux grands mâts en bambou fixés de chaque côté, qui vont se rejoindre à une hauteur de 15 mètres environ, en formant un triangle élancé. Le type de ces « Pa-i » est très varié : quelques-uns sont évidemment de race laotienne, d'autres se rapprochent un peu des Chinois. Il y a là un mélange incohérent de races limitrophes. Ces hommes paraissent très doux; ils portent leurs cheveux rassemblés en chignon sur le sommet de la tête, et sont à peu près nus ou couverts de loques invraisemblables. Quels rudes travailleurs! Ils se mettent à l'eau comme des poissons pour nous tirer à la cordelle ou nous relever quand nous sommes échoués, ce qui arrive fréquemment. Avec ces gens-là et la bonne brise qui souffle, nous abattrons du chemin.

Nous passons dans l'après-midi la rivière de Long-po qui sert de limite, sur la rive droite, entre le Tonkin et la Chine. Cet affluent a près de 60 à 80 mètres de large, et remonte très loin du côté de Laï-Chan. Nous sommes maintenant en Chine.

Le fleuve commence à être encombré de bancs et de roches; il n'y a plus que des rapides. Le dernier que nous venons de passer, sans grande difficulté grâce à nos rudes matelots, est assurément le plus intéressant de ceux que nous avons rencontrés jusqu'ici. Quels jolis bouillons autour de nous! En voici un autre devant nous qui cherche par son tapage à se donner des airs de chute du Niagara, mais il fait beaucoup de bruit pour rien sans doute; car nous nous apprêtons à le passer sans plus de cérémonie que les autres.

Voici encore un rapide très raide, c'est le dernier, paraît-il; mais il est beaucoup plus ennuyeux que les autres, car il a très peu d'eau sur le seuil, et les jonques sont obligées le plus souvent de décharger leurs marchandises. Un village se trouve à point en cet endroit difficile, et les habitants servent de coolies de renfort pour les transbordements.

Nous passons sans encombre. Trois jonques qui nous suivent sont forcées de recourir aux grands moyens et font porter à dos d'homme, en amont de l'obstacle, leurs ballots de cotonnades, de tabac, de coton brut et de coton filé. A partir de ce moment, nous naviguons dans un bassin relativement calme, et enfin, à un détour du fleuve, nous apercevons Mang-hao; Mang-hao le désiré! Mang-hao le point final de notre traversée. Nous avons mis six jours pour l'atteindre, tandis qu'il suffit de douze heures seulement pour redescendre à Lao-kaï. Entre ces deux points, le fleuve présente des difficultés sérieuses pour la navigation; mais elles ne me paraissent pas insurmontables, et j'ai la conviction qu'avec un balisage bien fait et un mètre d'eau en plus, ce qui doit être la règle pendant huit mois au moins, un steamer pourrait remonter à Manhao en toute sécurité. J'ai le regret et presque la honte de dire qu'on n'a pas encore fait l'étude hydrographique de cette dernière partie du fleuve.

II

DE MANG-HAO A MONGTZE.

Mang-hao, où nous sommes arrivés hier au soir vers quatre heures et demie, est située sur la rive gauche du fleuve, qui fait un double coude à son niveau et forme un port tranquille, où les jonques trouvent un excellent abri. Elle est adossée à la montagne et étagée le long de la berge, dont la hauteur indique que la crue se fait sentir ici dans des proportions qui permettraient à un croiseur de premier rang de mouiller dans les eaux de Mang-hao. Comme la plupart des villes chinoises, elle est d'une saleté repoussante, et l'on raconte sur « son mauvais air » les histoires les plus lugubres. Aussi je ne m'étonne pas qu'elle ait acquis une si terrible réputation dans l'esprit des voyageurs indigènes, qui n'osent pas quitter leurs hauts plateaux pour s'aventurer de ce côté sans avoir déposé chez le notaire leurs dernières volontés.

Bien que nous n'accordions pas une foi absolue à cette tradition inquiétante, on s'empresse néanmoins de partir pour Mongtze, qui est à 120 lis de distance (plus de 60 kilomètres), au delà d'une chaîne montagnes, lesquelles se dressent devant nous, altières et menaçantes, dans le bleu limpide du ciel, où nous lisons le présage d'une journée splendide. La montée sera rude, et nous voulons faire, en deux jours seulement, ce voyage que la routine veut qu'on accomplisse en trois ! Il faut donc prévoir les difficultés physiques et morales surtout; nous n'avons pas de temps à perdre.

Nous sommes debout, dès cinq heures du matin, pour charger nos bêtes de somme, chevaux et mulets, qui se sont bien gardés de manquer au rendez-vous que nous leur avions assigné. Ils sont là, soixante-dix ou quatre-vingt qui attendent leur charge. Quel brouhaha, quel tumulte ! Je n'oublierai pas de longtemps ce curieux spectacle. Les muletiers se disputent naturellement à qui prendra les plus petites caisses; les bêtes, mal partagées, protestent violemment contre l'iniquité du sort, et se font souvent justice elles-mêmes, en jetant par terre, d'un coup de rein savant, gens et colis qui s'avisent de dépasser les 70 kilogrammes réglementaires. La main d'un employé des postes n'atteindra jamais, pour apprécier le poids des lettres, une délicatesse de toucher comparable au sens exquis que le dos de ces pauvres animaux finit par acquérir, dans cette lutte de chaque jour pour l'existence.

Le consul et moi nous nous installons confortablement sur deux chaises; mes compagnons préfèrent prendre des chevaux; mais les fatigues du voyage, et le soleil qui arde, leur feront regretter, je crains, de ne pas s'être laissé guider seulement par la sagesse et la prudence dans le choix des moyens de transport.

Le système de chargement employé par les muletiers est bien curieux. et surtout très pratique. Le harnachement de l'animal est d'une simplicité extrême, et en même temps fort coquet avec les ornements de toute sorte, grelots et sonnettes, pendeloques et rosettes de laine rouge dont on le pare à l'envi. On place sur son dos, en la fixant d'une part à l'aide d'une croupière et en avant sur le poitrail, une petite selle en bois, plus ou moins rembourrée, plutôt moins si j'en juge par les empreintes sanglantes qu'elle laisse trop souvent. Il n'y a ni brides, ni sous-ventrière. A la selle s'adapte un bât mobile sur lequel on charge, commodément, et d'a-

COIFFURE CHINOISE.

vance, les diverses marchandises, en les attachant solidement avec de longues lanières en peau de buffle. Il suffit alors que deux hommes soulèvent le bât et le mettent à cheval sur la selle, comme on le faisait dans le bon vieux temps, pour ces postillons et courriers, que l'on enlevait tout d'une pièce quand ils changeaient de chevaux. Le chargement et le déchargement s'opèrent ainsi avec facilité et célérité, au grand avantage des muletiers et de leurs bêtes. Ce procédé si simple, si pratique, rendrait assurément de grands services chez nous, si la routine permettait de l'adopter.

Une petite halte, après deux heures de marche, a donné du cœur au ventre à mes porteurs. Les voilà encore escaladant les milliers de degrés de ces « dix mille escaliers », car cela monte terriblement, presque à pic. J'aperçois devant moi, sur la crête horizontale des monts, quelque chose qui ressemble aux ruines d'un château féodal, et de place en place sur les pics environnants, de petites maisons qui doivent être des loges de guetteurs. Le long du chemin, je vois émerger du sol, comme les menhirs dans la plaine de Carnac, une multitude de pierres droites, que le temps et les orages ont déchaussées et mises à découvert, en entraînant dans la vallée la terre où elles étaient primitivement enfouies. Elles portent, chose frappante, puisque nous sommes à près de 4,800 mètres d'altitude, elles portent, dis-je, les traces indéniables de l'action des eaux. Elles ont été creusées, corrodées, polies par le mouvement des vagues; car, le doute n'est pas permis, elles ont été battues jadis par les flots de la mer.

J'arrive enfin à un grand village, c'est le premier que je rencontre. Les maisons sont en pierres sèches et couvertes de chaume. De ce sommet, je jouis d'un spectacle incomparable. Je domine, je vois s'étendre jusqu'aux dernières limites de l'horizon, une mer bleue de montagnes; on dirait des vagues gigantesques brusquement solidifiées et surprises dans leur moutonnement immense.

TYPE CHINOIS DU YUN-NAN.

Quel terrible remue-ménage à dû présider à cet étagement régulier de pics et de roches, à cet entassement grandiose! Comment le fleuve Rouge, qui coule là-bas au milieu de ces merveilles, aurait-il pu se frayer un passage, même après des milliers de siècles, si une longue fissure s'étendant jusqu'à la mer ne lui avait tracé sa route?

Je ne m'étais pas trompé, j'avais bien vu des ruines, et je viens de les visiter. C'est un ancien fort chinois en forme de rectangle, qui a été construit pendant la rébellion. Les murs sont crénelés et flanqués de tours carrées aux quatre angles. Comme tous les monuments chinois, on a cessé de l'entretenir à partir du moment où il a été terminé, et il tombe en ruines, se bornant maintenant à un rôle plus pacifique, celui d'ajouter encore un peu plus de pittoresque au joli panorama qui m'entoure.

Il est deux heures et demie. — En attendant mes compagnons de voyage, que j'ai laissés assez loin derrière, je cherche un abri contre les rayons brûlants du soleil, dans un petit pagodon qui borde la route. Je suis bientôt entouré d'une vingtaine de curieux, qui se livrent à un minutieux inventaire de ma personne. Ils admirent mes bottines, dont le talon élevé les étonne; les élastiques les font se pâmer d'aise; il n'est pas jusqu'à mon vieux parasol en calicot blanc et à manche de fer qui n'attire leur attention. Ils en tâtent l'étoffe, examinent avec un vif intérêt le genre de fermeture à ressort; mon veston en serge bleue les intrigue au plus haut point; car ils ne peuvent croire que ce tissu fin et brillant n'est autre chose que de la laine, qu'ils connaissent bien cependant, puisqu'ils ont des moutons et qu'on leur a déjà vendu de la flanelle. Ils insistent pour savoir quel est ce textile qui n'est dans leur esprit ni de la soie, ni du coton, ni de la laine. Je m'épuise en vaines explications, mais à défaut du langage, l'harmonie imitative vient enfin à mon secours. Je leur montre l'étoffe, et je leur crie : bê ê ê... bê ê ê..., cette fois ils rient comme des fous, ils ont saisi! Ce petit cours mimé sur la valeur relative des cotonnades et des lainages m'amuse et m'égaie autant que mon naïf auditoire.

Les retardataires arrivent, et je repars avec eux. Cette fois nous descendons tant et si bien que, malgré tous mes efforts pour me retenir, je m'échappe et je glisse hors de la chaise. Aux grands maux les grands remèdes! Je la fais retourner cap pour cap, et me voilà descendant le dos en avant et le cœur à l'aise, comme dit la chanson de Paulus. Au premier ébahissement de mes coolies que cette manœuvre, révolutionnaire au point de vue de la sainte routine, rend tout d'abord d'assez mauvaise humeur, succède bientôt une plus saine appréciation des faits. Leur figure s'épanouit, elle devient même souriante, et ils causent avec animation. Évidemment ils trouvent que le procédé a du bon.

Après une heure de cette marche « rétrograde », pour s'en tenir au sens littéral du mot, nous arrivons au grand village de Yao-téou. Il est quatre heures et nous ne sommes qu'à trente *lis* de Mang-hao.

Notre première étape ne devait se terminer qu'à douze lis plus loin; mais le mandarin du village, se conformant aux ordres du général qui commande la région, vient au-devant du consul et lui offre l'hospitalité. Nous serons toujours moins mal que dans une auberge indigène. Ce brave mandarin est logé dans une case bien misérable. Après avoir fait honneur à son mauvais dîner, nous nous mettons au lit à sept heures! Je dors comme un loir, malgré le peu de moelleux de la claie de bambou sur laquelle je repose, mais je suis si bien entraîné maintenant, que je coucherais sur le sol comme un vulgaire muletier.

***

Branle-bas à cinq heures du matin, nous avons quatre-vingts lis à faire pour atteindre Mongtze!

Après deux heures de route à travers une vallée verdoyante, nous arrivons au village de Shui t'ien. C'est là que je rencontre les premiers champs de pavots. La récolte est à peu près terminée. Les capsules présentent huit petites incisions longitudinales d'où échappe le lait contenu dans les vaisseaux et que l'on ramasse chaque matin à l'aide d'une spatule, quand il s'est concrété. Cette culture riche a envahi une grande partie du Yun-nan, et c'est sur son produit, l'opium, dont le surplus de la consommation locale s'élève à près de 15 millions de francs, que notre commerce doit compter surtout, pour faire l'échange de ses marchandises.

Nos coolies prennent quelques minutes de repos, et nous rentrons de nouveau dans la région montagneuse. La montée est moins raide, mais elle est indéfinie. Nous grimpons de plateau en plateau avec l'espoir, constamment déçu, d'être arrivé au dernier. Çà et là des pics isolés sortent du sol et se dressent absolument semblables à ceux de la baie d'Halong. S'est-elle donc étendue jusqu'ici, aux temps préhistoriques? Ces témoins muets semblent l'affirmer d'une façon indiscutable.

Vers midi, j'arrive mourant de faim à une modeste auberge perdue dans la montagne. J'y trouve heureusement trois œufs qu'on venait de pondre pour moi. Excellentes et dignes poules! Sans elles il aurait fallu me contenter d'un bol de riz des plus secs, car nos vivres sont devant avec les muletiers.

Je croyais en avoir fini avec ces « dix mille escaliers » ; mais cela dure encore une heure, et j'aperçois enfin se déroulant devant moi, bien loin en bas, la grande plaine de Mongtze, immense plateau encadré de hautes montagnes, qui s'étend, paraît-il, jusqu'à Yun-nan-Fou, à dix jours de marche. Je retrouve autour de moi les mêmes pierres creusées, polies par la mer, les mêmes pics calcaires, et nous sommes à plus de 2,400 mètres d'altitude. Quel splendide pays! et à mesure que nous descendons, ses beautés nous apparaissent encore plus vives et plus variées. Vers cinq heures nous apercevons dans le lointain des Européens à cheval qui viennent à notre rencontre.

Nous voici enfin près de la terre promise! Partis d'Hanoï le 22 mars, nous arrivions le 22 avril. Nous traversons le gros village d'A-san-tchaï, la petite ville murée de Sin-An-Sau où le lettré du consulat nous a préparé une chaude réception dans une jolie

KUEN-YOUG, DÉESSE DU BONHEUR.

pagode fraîchement décorée, et nous entrons à la nuit noire dans les murs de Mongtze.

III

MONGTZE

Quelle bonne nuit j'ai passée, après cette rude journée de treize heures. J'étais harassé quoique je fusse resté paresseusement assis dans ma chaise; les cavaliers étaient plus à plaindre que moi assurément, et les pauvres coolies surtout, qui m'ont porté jusqu'ici, ont dû trouver la course raide.

Comment s'étonner qu'il en meure deux sur huit, après de pareilles fatigues, comme cela s'est présenté plusieurs fois déjà. Ils arrivent fourbus, et succombent dans le courant de la semaine. L'entourage attribue l'accident « au mauvais air » de Mang-hao, et ne paraît pas se douter que la cause réelle est ce surmenage extra-

BONZE DU YUN-NAN.

vagant, auquel l'homme ne peut pas plus résister que la bête forcée par une meute.

Les distractions ne sont pas nombreuses à Mongtze ; mais le temps passe vite avec un travail régulier comme celui de la douane, qui vous prend à neuf heures du matin et ne vous laisse qu'à cinq heures du soir.

L'entente la plus cordiale règne dans ce petit monde cosmopolite, où l'on trouve quatre nationalités réparties entre huit personnes seulement (1). Chacun fait de son mieux pour apporter son contingent de gaîté.

Les promenades à cheval dans une plaine immense, le lawn-tennis sur les terrains du consulat, constituent surtout les plaisirs de la semaine ; et le dimanche, de longues excursions, les pique-niques, les parties de chasse dans la montagne, permettent à tous les goûts de s'affirmer et de se satisfaire ; ajoutez à cela un climat qui ne cède en rien à celui de Nice en hiver ; pendant l'été l'air est vif et sec, la température est délicieuse : 18° la nuit, 20° le matin et 29° dans le milieu de la journée. Une brise constante qui souffle du Sud rafraîchit l'atmosphère.

J'ai déjà parcouru les divers quartiers de la ville, dont la propreté laisse d'autant plus à désirer qu'on en abandonne l'entretien exclusif aux animaux qui personnifient le type de la malpropreté. Je comprends que la peste règne ici en souveraine, pendant quatre ou cinq mois. Elle a dû s'y créer de toutes pièces, et, comme le phénix, elle renaît de ses cendres, chaque année, au commencement de juin.

De tous les côtés on se heurte à des temples Leur nombre, les proportions qu'on leur a données, et le luxe maintenant éteint dont ils brillaient jadis, démontrent que le pays a joui autrefois d'une grande prospérité.

Je suis très surpris de rencontrer, marchant dans la rue, appuyées le plus souvent sur l'épaule d'une servante, à cause de leurs petits pieds, des dames chinoises en grande toilette, revêtues de riches vêtements, robes et pantalons de soie brodés, la tête parée de bijoux et de perles. C'est ainsi, paraît-il, que les *femmes du monde* de Mongtze échangent des visites avec leurs amies. Cette curieuse coutume est spéciale au pays, et ne se rencontre dans aucune autre province de la Chine, où les femmes se font porter d'ordinaire dans des chaises bien fermées. Pour se dissimuler aux yeux des passants, et remplacer le voile des Turques, elles portent un grand parasol rouge à longues franges pendantes, analogue à ceux que les corporations chinoises offrent quelquefois à nos consuls, comme témoignage de satisfaction et de reconnaissance pour les services rendus. Elles jouent de cette ombrelle à droite et à gauche, comme on joue de l'éventail dans nos salons, et ce petit manège défie le regard le plus inquisiteur ; mais, de même que l'amour perdit Troie, la curiosité féminine l'emporte et détruit toutes ces savantes combinaisons. Je pensais bien que, si on feignait de ne pas vouloir être vue, on avait pourtant le vif désir de voir,

____

(1) Avec les trois voyageurs qui ne font qu'une visite passagère, la petite communauté étrangère de Mongtze compte maintenant onze personnes. C'est un chiffre qu'elle a rarement dépassé, mais ce noyau ferait rapidement boule de neige, si on avait la moindre idée en France de la situation splendide que pourraient se créer ici notre industrie et notre commerce.

et, spéculant à coup sûr sur cette faiblesse de la nature humaine,
il m'était facile de satisfaire ma propre curiosité. Je dépassais la
timide promeneuse en ayant l'air, à mon tour, de ne pas lui donner
la moindre attention, puis, à trente pas de là, quand elle se croyait
oubliée depuis longtemps, je me retournais brusquement. Je n'en
manquais pas une. Le parasol s'était soulevé, et laissait à découvert le visage de mon inconnue, qui prenait une mine déconfite
comme le renard pris au piège, et se dérobait précipitamment à
mes regards.

Le marché se tient hors de la ville, dans le faubourg principal,
sur la route qui mène à Yun-nan-Fou. Il est encombré de Lolos,
hommes et femmes, qui viennent apporter leurs nombreux produits : riz rouge et blanc, seigle, maïs, millet, sorgho, graines de
sésame et d'arachide, et de nombreuses variétés de haricots, qu'ils
échangent contre du coton brut, des cotonnades, et ces mille
petits articles, boutons de toute sorte, verroterie, fleurs en
filigrane d'argent, etc., qui ornent leurs vêtements et coiffure.

La coquetterie du costume me paraît poussée très loin chez ces
peuplades primitives, et c'est là un besoin que je signale à nos
exportateurs. On pourrait obtenir d'elles un plus grand effort de
production, et par conséquent développer leur « *buying-power* » en
flattant ce goût inné pour la toilette et pour tout ce qui brille.
Il y a là une branche de commerce qui est plus spécialement de
notre ressort, et je me rappelle avoir vu, à la grande fabrique de
Briare, des objets divers, boutons et perles, pour lesquels bon
nombre de *Lolottes* risqueraient l'enfer bouddhique ou les malé-
dictions de l'esprit des ancêtres.

Je vois presque tous les légumes de France : des haricots verts,
des petits pois, du céleri, etc., et surtout des choux-raves magnifiques, à 5 sapèques (1/2 sou) la pièce, qui recevraient un diplôme
d'honneur dans nos concours agricoles. Les fruits d'Europe sont
largement représentés par des cerises, bien petites il est vrai, des
pommes, des poires, des abricots; mais la vue est plus flattée que
le goût, car la greffe est inconnue. Son introduction dans le pays
rendrait des services immenses dont nous serions les premiers à
profiter. Les pêches seules donnent un produit savoureux et varié
comme à Shanghaï; et si on en juge par la qualité du fruit
d'abord, et aussi par les classiques anciens où les poètes célèbrent
à l'envi ses louanges, je suis porté à croire que cette arbre fruitier
est originaire de Chine. Des mûres jaunes constituent également
un excellent dessert, très apprécié par nous et par les indigènes.

Des cotonnades assez grossières faites dans le pays avec du
coton importé de Birmanie et du Tonkin; d'autres plus fines
fabriquées dans le Ssetchuen, dans le Houpé, ou à Canton, avec
des filés de Manchester, et surtout de Bombay, sont débitées en
grandes quantités. Je m'empresse d'acheter des échantillons de

toutes celles que je rencontre. La plupart sont teintes en couleur rouge, noire, bleue, verte ou cendrée. Elles sont d'une largeur qui varie de 31 à 37 centimètres. Ce fait important ne doit pas être perdu de vue par nos manufacturiers. C'est en vain qu'ils essaieront de présenter aux indigènes des étoffes qui n'auraient pas les dimensions requises, quand bien même elles seraient moins chères, toutes proportions gardées, et d'une qualité supérieure.

Dans certaines boutiques spéciales, on trouve des marchandises européennes de toutes sortes : des flanelles rouges et bleues, des

OFFRANDE AU BOUDDHA.

couvertures légères en laine et en coton, du velours, des cordons en soie, des lacets ronds et plats de couleurs variées, des glaces, des aiguilles, du fil de laiton, du fil à coudre; des boutons dont quelque-uns, en métal, ont la forme de pièces de 10 sous avec l'effigie de la reine d'Angleterre; de petites boîtes en fer blanc, garnies d'un miroir, qui servent à mettre le fard, etc., etc.

La plupart de ces articles sont de fabrication allemande. Les bœufs sont à très bon marché, et ressemblent pour la taille aux magnifiques bêtes que l'on voit dans les pâturages de la Normandie. On les emploie surtout pour les charrois. Les musulmans seuls en usent pour la boucherie. A Taï-Chuang, situé à deux jours de marche de Mongtze, il y a des moutons énormes dont j'ai vu un spécimen splendide que l'on avait payé une piastre seulement.

Ce serait un commerce fructueux et précieux pour le Tonkin, où
l'on pourrait tenter l'élevage du mouton sur le plateau de Ta-Fing

UNE RUE A YUN-NAN-FOU

et dans d'autres régions ; mais nous préférons demander à Hong-
Kong des moutons qui sont deux fois plus petits, et que nous
payons 10 piastres. En résumé, Mongtze est une ville agréable
et de grand avenir, qui mérite à tous les points de vue l'en-

thousiasme lyrique avec lequel la décrit un témoin oculaire :

« Le Michigan a la prétention d'être la plus belle presqu'île du monde ; mais Mongtze pourrait avec autant de raison se vanter d'être la ville la mieux située qu'on puisse voir. Bâtie à 4,500 pieds au-dessus du niveau de la mer, sur un plateau cultivé, long de vingt milles et large de douze, régulier comme l'aire d'une grange, elle jouit d'une vue incomparable sur les montagnes qui encadrent la plaine. Quoique dénuée d'arbres, qui donnent un si grand charme aux sites alpestres, les hauteurs environnantes cachent leur nudité sous le scintillement des plus belles teintes de rouge et de brun, de pourpre et d'or, que font ressortir encore, dans l'atmosphère limpide de ces grandes altitudes, les rayons ardents d'un soleil presque perpétuel. Par l'aspect de ses environs, et aussi le voisinage de ce joli lac aux eaux transparentes (mais non salées), Mongtze n'est pas sans quelque rapport avec la ville du Lac salé, et peut lutter avec elle pour le pittoresque et la beauté des lieux. De plus, sa situation est parfaite au point de vue commercial, et fait de Mongtze un emporium, un centre naturel de distribution des marchandises à travers cette province, qui est « l'ultima Thule » occidentale du commerce pour les produits étrangers. Ils ne peuvent parvenir jusque-là qu'avec beaucoup de difficultés, car le Yang-tsé, la grande voie fluviale qui alimente le centre de la Chine, perd toute sa valeur commerciale au long détour qu'il fait avant d'atteindre le nord du Yun-nan. »

IV

UN DINER OFFICIEL CHINOIS

Je viens de faire mon premier dîner *officiel* chinois. L'étiquette en est minutieuse et bizarre. J'ai assisté à beaucoup de repas de ce genre, mais aucun n'avait eu encore ce piquant et cette originalité.

Le Taotaï nous fait prévenir à 5 heures 1/2 qu'il attend « Nos Excellences », et nous partons en chaise. A peine entrés dans la cour du Yamen, trois boîtes d'artifice éclatent successivement en notre honneur, annonçant au monde cet heureux événement. Nous descendons devant la grande porte centrale, sur les panneaux de laquelle sont peintes, en proportions gigantesques, les deux divinités infernales préposées à la garde des Yamens. Elles nous lancent des regards farouches, et ont plutôt l'air de crier le *Lasciate ogni speranza* de Dante, que de nous promettre une partie de plaisir au-delà du seuil que nous allons franchir. Les deux battants s'ouvrent à notre approche, et le Taotaï est là pour recevoir ses hôtes; on lui fait une simple inclinaison de tête, et, sans échanger un mot, nous le précédons le long des vérandahs jusqu'à la salle de réception.

Là, le Tinchay (1) du Consulat, qui marche en tête du cortège comme le suisse devant le clergé, nous donne la grande pancarte rouge qu'on nous a envoyée la veille comme lettre d'invitation. Passant alors devant le Taotaï à tour de rôle, nous portons cette carte au niveau du front, avec les mains croisées, et nous la rendons à notre amphitryon en lui faisant le petit salut à la Chinoise. Nous nous dirigeons au fond du salon vers le divan d'honneur. Le Taotaï nous y fait asseoir et va se placer à l'extrémité opposée du rang de chaises qui est sur notre droite. Nous avons toujours notre chapeau sur la tête; nous le gardons encore quand les invités arrivent : deux mandarins en grand costume de cérémonie, le commissaire des douanes, et l'interprète du Consulat. On nous apporte du thé sur les petites tables dont nous sommes flanqués. Le Taotaï nous sert lui-même, en guise d'apéritif, un plat de gâteaux variés, et une coupe de lait d'amandes que lui présente un boy. Pendant tous ces préliminaires, la conversation languit un peu, naturellement. Après une demi-heure d'attente, nous passons enfin dans la salle à manger. Il y a sur le milieu de la table une série de hors-d'œuvre, 15 ou 16 petits bols, et devant chaque convive une assiette minuscule à deux compartiments contenant des arachides et des graines de pastèques, pour grignoter dans l'intervalle de chaque service.

Le Taotaï met alors le couvert de ses propres mains; il prend deux baguettes d'ivoire et les range méthodiquement à la place de l'invité, de façon à ce qu'elles ne dépassent pas le rebord de la table; puis il porte la main sur le coussin rouge qui recouvre la chaise, fait le simulacre de le secouer comme pour le rendre plus mou, se tourne vers la personne qui doit se mettre là et lui fait un petit salut de la tête, qui signifie : « Donnez-vous donc la peine de vous asseoir. » La même cérémonie se répète pour chaque personne. C'est assez long et cela ressemble quelque peu à un rite de la messe bouddhique.

Alors les boys arrivent, et s'emparent de nos chapeaux, que nous retirons enfin; les mandarins se découvrent aussi, et quittent leur costume d'apparat comme nous enlevons notre pardessus avant d'entrer dans un salon. Tout le monde s'assied, c'est le moment d'en découdre. On mange à la gamelle; chacun plonge dans les plats à tour de rôle sa petite cuiller en porcelaine ou ses baguettes d'ivoire, les seules armes que nous ayons pour combattre ce bon combat; mais, hélas! la pêche n'est guère fructueuse pour moi; j'ai eu beau prendre des leçons particulières, mon

(1) « Lettré » attaché au Consulat et chargé des choses d'étiquette.

insuccès à me servir des baguettes est complet; je suis rebelle à
ce genre d'exercice, et l'analogie de situation aidant, je songe
mélancoliquement au bon tour que s'étaient joué réciproquement
le renard et la cigogne. Plus charitable que cette dernière, le
Taotaï vient souvent à mon secours en déposant dans la cuiller
que je lui tends, les bons morceaux qu'il a pu saisir au bout de
ses baguettes. Après
chaque plat, il lève sa
petite tasse remplie de
vin de riz, et tout le
monde à la ronde boit
au commandement
comme à la fête des
rois. Cette cérémonie
se répète si souvent,
puisqu'on nous a passé
plus de soixante plats,
que même en ne fai-
sant que tremper ses
lèvres, on arriverait à
être gris comme un
Polonais.

Cela a duré ainsi
pendant trois longues
heures. Je ne cher-
cherai pas à décrire le
menu par le menu, ma
mémoire s'y refuse. Je
crois que toute la cui-
sinière bourgeoise chi-
noise a défilé devant
nous. Pour la pre-
mière fois, j'ai trouvé
délicieux le potage
aux nids d'hirondelles,
que j'avais tenu jus-
que-là en très médio-

JEUNE FILLE DE YUN-NAN-FOU.

cre estime; les ailerons de requins étaient exquis comme toujours;
que de bonnes choses nous laissons aux Chinois!

Enfin, vers 9 heures 1/2, arrive le bol de riz final traditionnel,
et je l'absorbe vaillamment; puis, tout d'un coup, sans préam-
bule, comme si le feu venait de prendre à la maison, le Taotaï
reprend son chapeau et endosse son costume officiel; on nous
apporte vivement nos chapeaux, et il nous reconduit dare dare
jusqu'à la porte extérieure; on dirait vraiment qu'on nous jette
dehors! Les trois boîtes réglementaires tonnent, l'orchestre du

Yamen nous envoie quelques notes aigres; et les chaises nous ramènent au logis.

IV

LES MINES D'ÉTAIN DE KO-TCHIOU

Je suis parti de Mongtze ce matin à 7 heures en chaise à porteurs pour Ko-tchiou, celèbre par ses mines d'étain. On a tenu à

INTÉRIEUR D'UNE SÉPULTURE.

me donner une escorte, qui se compose de 3 hommes et d'un caporal. J'ai sur moi un petit « bull dog » à six coups, qui vaudrait mieux que ces quatre gaillards *in a case of emergency* », comme disent si pittoresquement les Anglais. Deux sont armés d'une longue lance, et l'autre d'une vieille pétoire. Le caporal marche bravement « comme les mains dans ses poches », bien qu'il en n'ait pas. Ai-je besoin de ces satellites? Je ne le crois pas, mais, il y a eu une petite émeute à Ko-tchiou à la fin de l'année dernière. Le mandarin pressurait un peu trop ses ouailles. Non seulement la poule a crié, mais encore, avec quelques congénères, elle a fait irruption au Yamen, et elle a massacré le secrétaire du mandarin, croyant tordre le cou à ce dernier, qui l'a échappé belle! Quelques semaines après, naturellement, il y a eu des représailles; on a envoyé des troupes, on a plus ou moins saccagé; et on a emmené quelques innocents qui ont laissé leur tête sur le champ d'exécution de Mongtze, et ont ainsi payé pour les coupables.

Telle est la situation. Tout est bien calme depuis lors; mais le Taotaï de Mongtze a voulu mettre le plus d'atouts possible dans mon jeu et dans le sien. Me voilà donc parti sous la sauvegarde tutélaire de mes quatre escogriffes, qui ont passé par-dessus leurs vêtements de coolies une casaque noire bordée de rouge. Cela suffit pour en faire des guerriers; car, quoi qu'on en dise, c'est souvent l'habit qui fait le moine. Je suis accompagné par le « Tinchay » du Consulat et un boy annamite qui parle un peu le chinois. Ils sont à cheval tous les deux; un mulet porte mes bagages et mes provisions de bouche. Je traverse pendant trois heures une vaste plaine sans arbres, qui doit être le fond d'un ancien lac. Tout est admirablement cultivé. Je passe trois ponts qui sont jetés sur des ruisseaux à sec pour l'instant, et qui portent encore les traces d'une antique splendeur. J'arrive à un seuil de huit à dix mètres, composé d'une roche schisteuse, et au delà je trouve en effet un lac qui doit s'étendre très loin pendant la saison des pluies.

De tous côtés, j'aperçois d'immenses nécropoles; le pays est littéralement pavé de morts, et il n'y aura bientôt plus de place pour les vivants. Chaque tombe a une stèle haute et large, qui ressemble à s'y méprendre à celles qu'on voit au Père-Lachaise; quelques tumulus entourés de murs ont leur stèle flanquée de deux montants en maçonnerie, et recouverte d'un petit toit, de sorte qu'on croit voir la porte d'un caveau de famille. De place en place, des colonnes monolithes de quatre à cinq mètres de hauteur, et surmontées d'un de ces petits lions chimères si communs à la porte des Yamens, ont absolument l'air de poteaux télégraphiques égarés au milieu des tombes.

Je ne compte plus les chevaux et les mulets qui me croisent, chargés chacun de deux plaques d'étain. Malgré cette charge, qui pèse près de 70 kilogrammes, toutes ces bêtes marchent d'un air léger, trottinent, sautillent et gambadent, descendent dans le fossé pour me laisser la place. Caravanes et tombeaux, je ne vois plus que cela.

Vers 11 heures 1/2, j'arrive à un petit village adossé au flanc de la montagne que nous allons commencer à gravir. Je trouve mon déjeuner servi sous la vérandah d'un restaurant en plein air. Le boy et le Tinchay sont débrouillards. Des œufs durs, du poulet, du jambon sont étalés sur une table, près de l'immense marmite où les coolies et les muletiers viennent puiser leur riz. On me fait même une excellente tasse de pur moka avec une cafetière russe; un pauvre diable d'infirme a fait chauffer mon eau avec le combustible indigène, c'est-à-dire de longues tresses d'herbes et de paille qui remplacent ici les *argols* dont se servait le Père Hue, et qui ont encore rendu tant de services à M. Bonvalot et au prince H. d'Orléans dans leur voyage au Tibet.

Je repars à midi, et j'entre de suite dans la montagne. Pendant trois heures je gravis des pentes, des escaliers; je passe plusieurs cols. Quelle vue splendide sur la plaine et sur les montagnes voisines! J'arrive à 600 mètres d'altitude au-dessus de la plaine, ce qui, joint aux 1,500 mètres de Mongtze, fait la hauteur respectable de 2,100 mètres. Il fait un temps superbe, le soleil est chaud, mais une bonne brise fraîche menace à chaque instant de faire rouler mon chapeau au fond des ravins. Au dernier col, nous trouvons un petit poste de soldats chinois. Ils sont sept, et un sergent; ils nous emboîtent le pas comme un seul homme. Ont-ils reçu des ordres, ou espèrent-ils tout simplement récolter les quelques dollars que je vais être obligé de leur donner? Les honneurs sont toujours chers!

Nous descendons et, à un tournant j'aperçois la ville de Ko-tchiou au fond d'une jolie vallée. Les montagnes dénudées jusqu'ici commencent à présenter quelques bouquets d'arbres. Je traverse des champs de seigle et de pavots; les indigènes sont des I-jens ou des Lolos; ils ont la figure ronde comme une lune et de tout petits yeux; je crois même en avoir vu de *bleus*.

Nous arrivons enfin dans Ko-tchiou; mon escorte marche devant à la file indienne, et tâche de faire bonne figure. Je suis le premier Européen qui soit venu dans le fond de ces montagnes depuis que M. Rocher y est passé il y a plus de vingt ans, et encore il portait le costume indigène. Aussi je vois les têtes ouvrir des yeux effarés. Je commence à comprendre qu'on a voulu me garantir contre l'empressement dangereux de la population.

Le Tinchay me conduit dans une auberge, et pendant le temps qu'on décharge les chevaux il porte ma carte au mandarin. On m'avait donné une chambre, disons plutôt une écurie, large comme un cabinet de toilette, dans laquelle il y avait trois lits, et quels lits! des planches et une natte de paille. N'importe, j'aurais préféré rester là que d'aller au Yamen, où je sentais bien que je serais véritablement un prisonnier. Le Tinchay revient me chercher pour faire ma visite.

On m'introduit dans une chambre assez grande où se trouvait un lit, une grande table, une série de chaises et de tables à thé intercalées. C'est là que je logerai, traduisons : « que je serai détenu ». Quelques instants après, le mandarin arrive chez moi en grande tenue; nous échangeons des *laïs* suivant l'étiquette chinoise, nous causons de notre mieux avec l'aide de mon boy annamite, puis il enlève son habit d'apparat et son chapeau ; j'enlève le mien ; la partie officielle de notre entretien est terminée. Le défilé des infirmes commence. La chambre ne désemplit pas ; que de clients un médecin européen aurait dans ce pays-ci ! Le temps s'écoulait, et j'avais hâte pourtant de voir les fonderies d'étain qui sont à Ko-tchiou. Je fais part de mes intentions au mandarin. et je m'apprête à partir ; mais il me barre la route, me déclare qu'il faut que j'aille en chaise, et donne des ordres en conséquence.

Je quitte le Yamen avec une troupe de soldats et de *runners* (1) qui marchent devant, derrière et sur les côtés de ma chaise, comme si j'étais l'empereur de toutes les Russies.

La population se presse aux fenêtres et aux portes et encombre la rue. Il y a du monde partout ; c'est à peine si ma nombreuse escorte peut se frayer un passage. Que de coups de rotin on distribue à droite, à gauche ! J'entends les moins chanceux hurler de douleur.

Tous les yeux sont dardés sur moi avec un sentiment de curiosité intense ; mais je ne lis aucune malveillance sur les visages. Ils se paient ma tête, et cela les amuse. Jamais empereur ou roi, de visite à Paris, n'a été l'objet d'une curiosité plus vive et moins hostile de la part des badauds parisiens. On presse le pas pour dépasser la foule, on sort de la ville pour se diriger vers les fonderies, qui se trouvent dans la vallée. Quelques gardes cherchent à arrêter le flot qui reste derrière nous, et nous gagnons un peu d'avance ; mais les plus enragés, les enfants surtout, courent devant, non sans attraper quelques bons horions qu'ils reçoivent en riant.

J'entre dans les ateliers de broyage, au grand effroi des buffles attelés au manège, qui reniflent bruyamment en me sentant si près d'eux. Comme ils prendraient de la poudre d'escampette s'ils n'avaient pas sur leurs talons cette meule gigantesque, cerclée de fer, qui s'avance lentement dans son auge, comme le char de Jaggernaut, brisant, écrasant, réduisant en sable fin le minerai brut que les mulets apportent de la montagne. Je visite les bassins en étage où le minerai subit quelquefois jusqu'à dix-huit lavages avant d'atteindre le degré de pureté voulu ; puis, les fourneaux où l'oxyde est réduit par le charbon de bois. A chaque secousse du sifflet de forge, les flammes viennent lécher la charpente du hangar, que protègent à peine quelques feuilles de fer-blanc, provenant de caisses à pétrole. C'est miracle que le bâtiment ne flambe pas comme paille. Tout cela est d'une simplicité extrême, et donne un excellent étain.

Nous rentrons par une autre route en faisant le tour de la ville,

(1) Coureurs.

mais cela n'empêche pas la foule de nous harceler. La grande
nouvelle s'est propagée comme une traînée de poudre, et tout
Ko-tchiou est sur pied. Nous regagnons le Yamen sans encombre,
en pressant le pas. Le mandarin m'attendait dans ma chambre,
et ne m'a plus quitté, ni ses amis non plus, bien que le dîner fût
servi. Je tente vainement de leur faire comprendre combien ils me
gênent, et j'arrive au cigare sans qu'ils aient bronché. Mon boy
annamite leur explique avec chaleur un tas de choses qu'ils écou-
tent bouche bée.

Il m'a fallu donner encore quelques consultations, et c'est seulement sur les neuf heures qu'on m'a laissé tranquille. Quel soupir
de satisfaction je poussai en les voyant partir ! Il n'est pas trop

PETITS CÉLESTES.

tôt de prendre un peu de repos pour le lendemain, car l'excursion
sera longue et pénible.

Je suis parti ce matin à huit heures et demie pour la région des
mines d'étain. On me donne vingt hommes d'escorte ! Je n'en
reviens pas. Ah ça, qu'est-ce que cela signifie ? Est-ce pour vider
mon escarcelle ?

La montée est très dure dès le début. Deux I-jen descendent ; ils
sont armés d'une pique très pointue, ma foi ; la hampe est courte,
de la hauteur d'un homme, mais l'instrument paraît bien en main.
Le chef de mon escorte s'arrête et les surveille jusqu'à ce que je
sois passé. En voilà deux autres plus loin, et beaucoup d'autres
encore ; tous sont armés : ils portent, qui une lance, qui un sabre

double pour la main droite et la main gauche, et d'une forme
étrange. La lame a un pied environ, puis elle se courbe brusquement à angle droit, et se termine par une sorte de couteau. Cela
doit être une arme redoutable, car elle coupe dans tous les sens,
et peut agir par la pointe à la façon d'une hache. Quelques-uns ont
de ces tridents en demi-lune, comme on en voit dans l'arsenal des
Yamens, mais effilés avec soin et bien tranchants; enfin tout le
monde est armé jusqu'aux dents.

A une heure et demie de Ko-tchiou, nous rencontrons une pagode, bonzerie très remarquable qui s'appelle Po-wha-san-mino.
Elle a dû avoir des jours très brillants, mais elle commence à tom-
ber dans un état de délabrement pénible à voir. Elle se compose
de huit ou neuf bâtiments : temples, chapelles, pavillons et salles
de réception, qui s'étagent le long de la montagne, et sont dispo-
sés comme mes soldats c'est-à-dire dispersés au milieu d'un bois
ravissant.

Nous montons, montons toujours, et vers onze heures nous arrivons près du village de Mautan-tong, à une vieille bonzerie en
ruines qui sert d'auberge aux voyageurs. Mes coolies se reposent
avant d'escalader les nombreux escaliers qui serpentent devant
nous. La route est dallée de grosses pierres depuis Ko-tchiou, et
dans un état parfait d'entretien, qui contraste singulièrement avec
celle de Mang-hao à Mongtze.

Me voici enfin au village des mineurs, situé au sommet d'un
plateau très tourmenté et très pittoresque. D'après le baromètre,
nous sommes à deux mille trois cent trente mètres d'altitude. A
peine suis-je signalé que des milliers de personnes émergent de
tous les creux, de toutes les crêtes. C'est un envahissement pareil à
celui de Ko-tchiou.

Ce peuple de mineurs, I-jen presque exclusivement, n'est pas
des plus civilisés, la chose est claire! Évidemment une escorte
n'est pas de trop pour éviter quelque désagrément.

Je vais voir la galerie principale; elle se subdivise et se ramifie
plus bas en un nombre infini d'autres galeries, mais elle est d'une
étroitesse et d'une petitesse invraisemblables. C'est fait pour des
lilliputiens; et en effet je ne tarde pas à voir paraître au loin des
lumières qui se rapprochent et montent, puis je vois sortir des
enfants de huit à dix ans. Eux seuls peuvent circuler dans ces sortes
de terriers. Ils ont à la main une espèce de raclette analogue à
celle des ramoneurs; c'est avec cela qu'ils désagrègent l'alluvion
dont ils remplissent le bissac qu'ils portent sur l'épaule. Les pauvres petits font ainsi deux voyages par jour au fond de ces galeries, si profondes et si peu aérées que souvent il en manque à
l'appel. Ils reviennent avec leur petite charge, qu'ils vont ensuite
débourber et laver, et, pour ce travail, ils reçoivent 80 cents de
taël, soit environ 4 fr. 25 centimes par mois.

J'avais à peine eu le temps de prendre quelques échantillons
de minerai, que Peng, le Chinois qui me conduisait, se hâtait de
m'emmener; car, malgré l'escorte, peut-être à cause d'elle, il re-
doutait quelque mauvaise affaire, J'avoue n'avoir remarqué là encore que de la curiosité, et pas trace de malveillance; mais je
conçois qu'à l'occasion ils ne soient pas tendres pour ceux qui
viennent de les décimer. Ils sont là bien haut dans leurs montagne, et pourraient défier la soldatesque chinoise, mais il leur serait
impossible de se tailler des repaires comme au Tonkin. Toutes ces
montagnes sont déboisées; on apercevrait un chat à quatre mille
mètres.

Je suis revenu déjeuner au villlage de Mautan-tong, et à quatre
heures, sans le moindre incident fâcheux, je rentrais à Ko-tchiou.
Peng me fait voir en détail, dans son usine, les nombreuses pré-
parations que subit le minerai avant d'être mis au fourneau. Je
me demande comment il est possible, après tant de frais, de
vendre l'étain sur la place de Mongtze au prix de 17 taëls le
picul.

Je reviens de Yamen très fatigué de ma course dans la montagne, et j'espérais pouvoir prendre un peu de repos; mais c'est
le cas de dire que je comptais sans mon hôte. On ne m'a pas laissé
un seul instant. Le mandarin que j'avais guéri de son rhume a
répandu le bruit de sa cure merveilleuse, et ses nombreux amis viennent m'exposer leur cas ou réclamer de moi, pour l'avenir, un peu de
cette drogue étonnante, et surtout de la quinine, que tout le monde
connaît par ici, et qui se vendrait par tonnes. Pour me prouver sa
reconnaissance, le mandarin a voulu m'offrir à dîner, et je trouve
une table somptueusement garnie. Son cuisinier et le mien ont uni
leur savoir, et de cette combinaison éclectique de l'art culinaire
français avec celui de Chine, est sorti un menu réconfortant :
du poisson frit. du jambon, du vermicelle fait avec de la farine de
haricots et sauté comme des pommes de terre (un plat exquis),
du cochon de lait grillé et un poulet rôti à la main par le Vatel
chinois. Qu'on se figure une fourche en fil de fer d'un pied environ,
et munie d'un long manche pour la tenir; on enfile dessus la victime
bien parée, et on la promène au-dessus d'un feu de charbon très
vif. De temps à autre, on badigeonne l'animal avec de l'huile d'a-
rachides, sans doute pour l'empêcher de brûler, et on le tourne
et retourne sans cesse, jusqu'à ce que rôtissage complet s'en-
suive. Cela donne un produit délicieux, mais quelle patience pour
obtenir ce résultat!

Enfin, les voilà tous partis! Merci, mon Dieu! Il est près de dix
heures et je vais pouvoir dormir. Mais, ô terreur! un dernier client
vient de s'introduire subrepticement chez moi. J'allais me fâcher,
très sérieusement cette fois; mais c'est un pauvre diable, qui vient
en cachette essayer de ramasser quelques miettes de ce festin mé-

dical auquel son maître a pris sa large part. Comment rester insensible? Je lui sers le meilleur plat de ma façon, je tire du fond de ma valise les médicaments dont il avait besoin, et il se retire plus riche que tous ces grands seigneurs auxquels je n'ai donné que des promesses. Cette confiance si marquée dans la médecine européenne date, je crois, du passage de la mission de Lagrée et Francis Garnier, en 1869, et il ne tient qu'à nous de mettre à profit

UN CONTEUR POPULAIRE.

ce bon souvenir laissé dans le pays par les membres de cette expédition. La médecine serait, au Yun-nan, beaucoup plus que dans toute autre province de la Chine, un puissant moyen d'influence. Il est probable qu'en haut lieu on ne se rend pas compte exactement de ce fait (1).

Dans leurs établissements de l'Extrême-Orient, les missionnaires protestants n'ont eu garde de négliger un pareil facteur pour la propagation de la Bible. Leur premier soin est de fonder un dispensaire en guise de réclame. Les malades affluent dans une salle

(1) Depuis que ces lignes ont été écrites, un médecin colonial a été détaché au Consulat de Mongtze.

d'attente qu'une chaire minuscule suffit à transformer en chapelle, et pendant que les « clients » attendent patiemment les conseils pour la santé du corps, « les oreilles « reçoivent la nourriture de l'âme. Le tour est joué, et tout le monde se retire content.

***

J'ai repris le chemin de Mongtze ; le voyage de retour est une promenade charmante. Le soleil darde de vigoureux rayons, mais

MANIÈRE DE VOYAGER AU YUN-NAN.

une brise délicieuse nous rafraîchit. Quelle magnifique vue sur la grande plaine qui mène à Yunnan-Sen! J'ai encore une nombreuse escorte. Elle est bien inutile cette fois, mais c'est une manière de payer les soldats ; on en a triplé le nombre à mon intention. Ils sont quatorze avec un plumage des plus variés. Par-dessus leurs habits de coolies, ils portent des casaques rouges en flanelle, à bordure noire, des casaques noires à bordure rouge, des casaques jaune orange avec des bordures solférino. Un petit liseré de la même couleur que la bordure souligne les ourlets, dessine quelques arabesques, et donne à l'ensemble du costume un air passablement coquet. Et leurs sabres ! quelle variété de coutelas en mauvais fer! Cela manque d'unité ; mais, après tout, ces soldats appartiennent peut-être à des régiments différents, et alors, c'est un changement de garnison ou un rapatriement qui s'opère à mes frais (1).

Dr Louis Pichon.

(1) Il n'est pas sans intérêt d'ajouter à cette description *de visu* du Yun-nan les pages que consacre à cette région Archibald Colquhoun dans l'ouvrage que nous avons cité plus haut. Elles ont d'autant plus d'importance que le Yun-nan prend pour nous une signification économique des plus dignes d'étude maintenant que notre Indo-Chine va se transformer, que des voies ferrées vont à bref délai la sillonner et qu'ainsi nous pourrons parvenir jusqu'à ces marchés de la Chine méridionale où, si nous savons profiter des avantages et des circonstances, il y aura pour nous au XXe siècle des débouchés considérables. »

« Malgré la richesse du pays, le commerce est presque nul dans le Yunnan. Cet état de choses est surtout le résultat d'une cause permanente et d'un obstacle qui a paru jusqu'à présent invincible, *l'absence de bonnes voies de communication*. Les relations et les échanges de produits, matières premières ou objets manufacturés sont presque impossibles non seulement avec d'autres provinces ou des pays étrangers, mais même entre les différentes villes du Yun-nan. Toutes les marchandises doivent être transportées à dos d'homme, de mule ou de cheval, et le prix de transport pour les grandes distances est énorme. Dans les plaines, on cultive le riz, le maïs, les fèves, les pois, l'opium, et la canne à sucre. Plus d'un tiers des terres arables est planté de pavots. L'opium est en partie consommé par les Chinois qui habitent les vallées et résident dans les villes, et en grande partie, importé dans les provinces voisines. Les tribus indigènes fabriquent l'opium et le vendent. mais n'en usent pas. On a parfois deux récoltes d'opium par an; le plus souvent on fait une plantation de pois après avoir récolté le pavot au mois de mai. L'opium du Yun-nan se vend aisément dans les provinces voisines, où il est, dit-on, de qualité supérieure.

« Le principal article d'importation — on pourrait presque dire la seule marchandise importée — est le coton du Shan qui vient du sud par Ssu-mao où de l'ouest par Bhamo. Le transport se fait par des bêtes de somme, et la matière première est filée et tissée dans différentes régions de la province. Par les mêmes villes frontières on importe quelques étoffes anglaises, du sel, et d'autres objets de fabrication européenne, tels que petits miroirs, épingles, aiguilles et allumettes anglaises et suédoises, Toutefois la plus grande partie de ces marchandises viennent de Canton par le fleuve de l'ouest.

« Les principaux articles d'exportation sont, outre l'opium, l'orpin minéral ou arsenic jaune, les poêles et les marmites en fer ou en cuivre, les châtaignes, etc. Il n'est pas douteux que la province possède de grandes richesses minérales. Dans notre marche au sud et à l'ouest, nous avons rencontré de nombreuses caravanes transportant du charbon, du fer et du cuivre en lingots et de petites quantités d'argent. A Tali nous avons vu des masses considérables de lingots d'or que les batteurs transformaient en feuilles pour le marché birman.

« Aucune mine ne peut être mise en exploitation sans l'autorisation des mandarins ; ceux-ci s'opposent autant que possible à ces travaux ; ils craignent non sans raison les rassemblements et l'agglomération d'une population turbulente et ingouvernable. Ils savent d'ailleurs par expérience que les ouvriers mineurs bravent impunément les lois parce que l'autorité n'a aucune action sur eux.

« Nous avons vu, le long de la route que nous suivions, des mines d'or, de cuivre, de sel, de fer, d'argent et de plomb. Ailleurs, dans différentes parties de la province, on trouve du charbon, du cuivre, du plomb, du zinc, de l'étain, du fer et de l'argent. Garnier, dans son grand ouvrage, donne sur toutes les questions qui se rattachent aux richesses minérales du Yun-nan et à leur exploitation des renseignements exacts.

« Un fait que nous avons constaté déjà mais qu'il n'est pas inutile de signaler une fois de plus, c'est que le thé le plus célèbre de la Chine vient du district d'I-bang, situé dans le Shan, à cinq journées de marche de la frontière du Yun-nan. Ce thé, qu'on appelle par erreur thé de Puerh, du nom d'une ville préfectorale du Yun-nan, passe d'abord par Ssu-mao, puis on le transporte dans différentes provinces de la Chine, au moyen de caravanes, jusqu'au fleuve Yang-tsé, et de là jusqu'à Shanghaï et Pekin, d'où on l'importe dans les villes du nord. Le prix du transport de ce thé, que les paysans boivent partout dans les provinces du sud, est si élevé, qu'il est impossible de l'exporter de Shanghaï en Europe. Aussi, dans les deux provinces voisines, le Kwang-si et Kwan-tung, ne boit-on que de l'eau chaude.

« Une des découvertes les plus importantes faites pendant mon voyage, c'est que le sol est plus fertile, la population plus dense et plus riche dans le sud que dans le nord du Yun-nan.

« Jusqu'ici les explorateurs, à l'exception de l'expédition française, n'avaient parcouru que la région du nord, pays pauvre et stérile, dont les habitants sont, sous le rapport des mœurs et des ressources matérielles, inférieurs à ceux du sud.

« Au nord, le pays est sauvage, entrecoupé de ravins, constamment enveloppé d'épais brouillards ou inondé de pluies torrentielles. Les vallées ne sont ni fertiles, ni dignes d'intérêt. La population est clairsemée et misérable; elle se nourrit surtout de maïs, le pays étant trop accidenté et trop élevé pour y cultiver le riz. La culture des autres céréales est insignifiante.

On trouve çà et là quelques champs de tabac ou de thé, mais ces deux produits sont de qualité inférieure. Il n'y a ni commerce ni industrie.

« Dans le sud et le sud-ouest il n'en va pas de même; ici les hautes montagnes, couvertes de neiges persistantes, s'abaissent et font place à un terrain ondulé et à des plaines qui s'élargissent et se nivellent à mesure qu'on se rapproche du golfe de Siam.

« A première vue, l'œil peu exercé n'aperçoit dans le Yun-nan qu'un amas confus et un enchevêtrement inextricable de montagnes sans ossature régulière, sans direction générale et sans tendance d'inclinaison. Un examen plus minutieux démontre que la pente du système tout entier, va du nord au sud. En marchant de l'est à l'ouest on traverse des chaînes secondaires entre lesquelles s'étendent des plateaux, des plaines et des vallées parallèles aux chaînes principales et où viennent se raccorder des vallons et des plateaux de moindre étendue.

« Le climat diffère considérablement dans les deux régions. La saison des pluies, dans le sud, dure pendant trois ou quatre mois, de la fin de mai au milieu de septembre, et les vents étésiens n'y ont qu'une force modérée. Durant le reste de l'année il y a constamment une bonne brise, sauf dans les vallées les plus basses. En somme, la température y est généralement agréable et favorable à la santé. Les plaines sont fertiles et la population y est, en règle générale, très dense. Le nombre des villes et des villages est si considérable que souvent on les trouve, pour ainsi dire, côte à côte; de plus, ces villes et villages occupent dans la plaine ou dans la vallée les plus avantageuses positions.

« La population du sud ne ressemble point à celle du nord. En dehors des villes, elle se compose de tribus indigènes, Lo-los, Païe, Miao, qui se distinguent les unes des autres par les mœurs, le caractère et les traits physiques, et qui ont modifié jusqu'à un certain point le type chinois qu'on trouve dans les villes. Ces indigènes sont en général, doux, francs, hospitaliers, généreux, mais plus pauvres que les Chinois. Hommes et femmes se livrent à la culture du sol et à l'élève du bétail. Les femmes ne se compriment pas les pieds comme les Chinoises, et leurs costumes sont aussi variés que pittoresques.

« Pour ouvrir le Yun-nan au commerce européen, on peut suivre cinq routes différentes :

« 1° Par le fleuve Yan-tsé, en partant de Shanghaï ;

« 2° Par le fleuve de l'ouest en partant de Caton;

« 3° Par le fleuve Songka, en partant du golfe du Tonkin ;

« 4° Par Bhamo et l'Iraouaddy;

« 5° Par une voie ferrée partant de la Birmanie anglaise.

« Mais l'étendue et la configuration de cette province du Yun-nan sont telles qu'il faut s'attaquer de divers côtés et par des routes partant de points opposés, si l'on veut donner aux relations commerciales tout le développement dont elles sont susceptibles.

« La route du Yan-tsé ne peut être utilisée que pour le nord de cette province qui est séparée de la région du sud par de hautes montagnes.

« Le fleuve de l'ouest ou de Canton, dont la navigation présente de grandes difficultés et dont le cours supérieur aboutit également à un massif montagneux, n'offre une route praticable que pour pénétrer dans l'est du Yun-nan.

« Le fleuve Songka, qui traverse une partie de cette province et se jette dans le golfe du Toukin, est le débouché naturel pour le commerce du sud-est et de la région qui s'étend de Mang-hao à la capitale. Mais il sera difficile de rattacher à cette voie d'autres routes rayonnant vers l'est et l'ouest ; et les obstacles à la navigation dans la partie supérieure du Fleuve Rouge seront plus considérables que M. Dupuis n'a paru le reconnaître.

« En amont de Mang-Hao, le fleuve n'est pas navigable même pour de légers canots, et, en amont de Tsao-Kai, on ne peut employer que des barques d'un faible tirant d'eau.

« En ce qui concerne la route de Bhamo, les obstacles qu'on rencontre entre cette ville et Tali sont tels, qu'il est impossible d'établir dans cette direction une bonne voie commerciale. Cette route ne servira jamais qu'aux exportations et aux importations de la fertile vallée de Tarping et de cette partie du Yun-nan qui est située à l'ouest de Yung-Chang. M. Baber a traité cette question avec la plus grande lucidité dans son remarquable rapport de l'expédition Grosvenon.

« Quant au centre, à l'ouest et au sud-ouest du Yunnan on peut y pénétrer en partant de la Birmanie anglaise, et en traversant le Shan. Ce dernier pays, quoique relativement peu peuplé, a deux fois plus d'habitants que la Haute-Birmanie. Il possède de grandes richesses naturelles. Il y a donc là un vaste champ commercial à exploiter. Or, il faut, pour réaliser ce projet et pour rattacher cette vaste région, d'une part à la Birmanie anglaise, de l'autre au Yunnan, construire un chemin de fer. »

(Archibald Colquhoum. *La Chine méridionale: le Yun-nan*, trad. Charles Simond, Lecène et Oudin.)

Ajoutons que le chemin de fer anglais, dont M. Colquhoum indiquait le tracé, est construit jusqu'au Yun-nan, et que les Anglais n'attendent que l'occasion de le prolonger jusqu'à Yun-nan.

Il n'est donc que grand temps de réaliser, pour ce qui nous concerne, les projets de M. Doumer. (Ch. Simond).

DATELIERS DU YUNNAN.